AF217211

1 Setze das richtige Zeichen: < = >.

a) 11 ⬤ 9   b) 3 + 9 ⬤ 15   c) 16 − 7 ⬤ 12 − 6

13 ⬤ 15   6 + 7 ⬤ 14   16 − 8 ⬤ 13 − 6

0 ⬤ 1   11 + 9 ⬤ 20   20 − 5 ⬤ 19 − 4

2

| 3 € + 2 € | 12 € + 8 € | 16 € − 6 € | 17 € − 7 € |

(10 €)   (5 €)   (20 €)   (15 ct)   (8 ct)

| 14 ct − 6 ct | 9 ct + 6 ct | 16 ct − 8 ct | 20 ct − 5 ct |

3

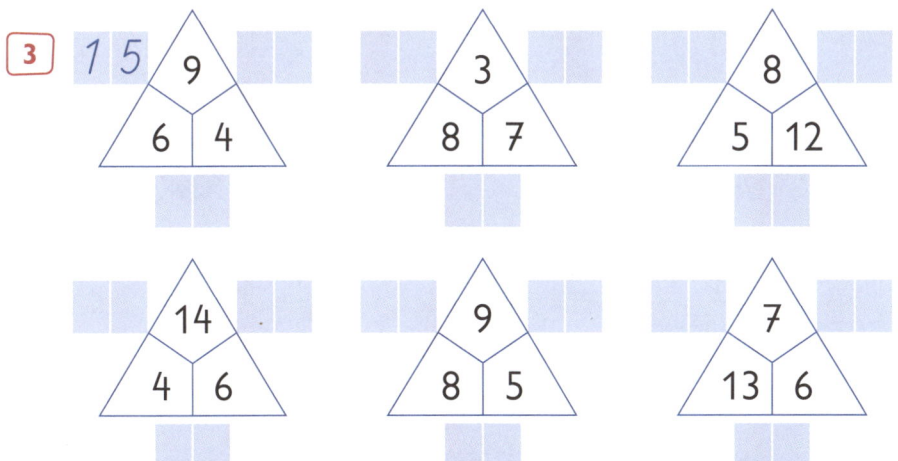

4 Was ist größer?

Summe aus 9 und 7 **oder** Differenz aus 19 und 5

☐ ⬤ ☐ = ☐☐   ☐☐ ⬤ ☐ = ☐☐

Vergleiche: ☐☐ ⬤ ☐☐

1 $9 \xrightarrow{+7}$ ▮▮ $\xrightarrow{+3}$ ▮▮ $\xrightarrow{-6}$ ▮▮ $\xrightarrow{-8}$ ▮ $\xrightarrow{+9} 14$

$15 \xrightarrow{-8}$ ▮ $\xrightarrow{+10}$ ▮▮ $\xrightarrow{-9}$ ▮ $\xrightarrow{+3}$ ▮▮ $\xrightarrow{-4}$ 7

$13 \xrightarrow{-6}$ ▮ $\xrightarrow{+12}$ ▮▮ $\xrightarrow{-10}$ ▮ $\xrightarrow{+2}$ ▮▮ $\xrightarrow{-4}$ ▮

2

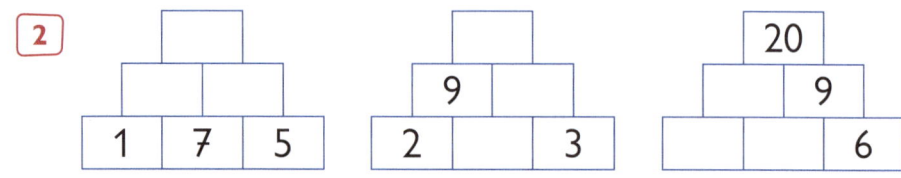

3 Die Summe ist 16.

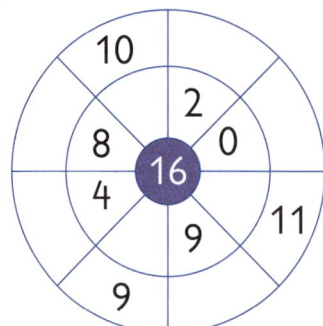

4 Ein Summand ist 7.

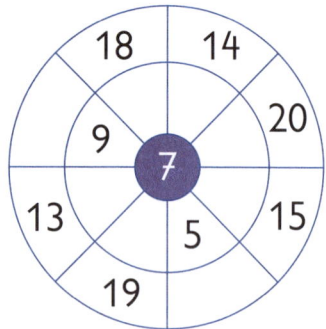

5 **a)** Der Minuend ist 17 und der Subtrahend 8.
Berechne die Differenz.

b) Die Summe ist 14. Ein Summand ist 8.
Berechne den anderen Summanden.

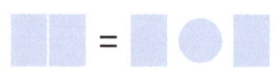

1: Rechenketten lösen   2: Rechenmauern lösen   3 und 4: Zahlen im Zahlenrad ergänzen
5: Begriffe verstehen; Gleichungen bilden und lösen

Addieren und Subtrahieren bis 10

1 $5 + 3 =$ ☐ $\quad 4 + 5 =$ ☐ $\qquad$ **2** $8 - 5 =$ ☐ $\quad 9 - 4 =$ ☐

$\quad 3 + 5 =$ ☐ $\quad 1 + 7 =$ ☐ $\qquad\qquad 8 - 3 =$ ☐ $\quad 8 - 1 =$ ☐

$\quad 6 + 2 =$ ☐ $\quad 7 + 0 =$ ☐ $\qquad\qquad 8 - 0 =$ ☐ $\quad 9 - 7 =$ ☐

3 $4 +$ ☐ $= 5$ $\qquad$ **4** $8 -$ ☐ $= 6$ $\qquad$ **5** $8 +$ ☐ $= 10$

$\quad$ ☐ $+ 6 = 10$ $\qquad\qquad$ ☐☐ $- 2 = 8$ $\qquad\qquad$ ☐ $- 2 = 6$

$\quad 2 +$ ☐ $= 7$ $\qquad\qquad 10 -$ ☐ $= 1$ $\qquad\qquad 3 +$ ☐ $= 10$

$\quad$ ☐ $+ 8 = 9$ $\qquad\qquad$ ☐ $- 0 = 7$ $\qquad\qquad 9 -$ ☐ $= 3$

6 $3 + 5 + 2 =$ ☐☐ $\qquad 9 - 5 + 3 =$ ☐ $\qquad$ **7** $7 = 5 +$ ☐

$\quad 6 + 0 + 3 =$ ☐ $\qquad\quad 2 + 8 - 5 =$ ☐ $\qquad\qquad 9 =$ ☐ $+ 3$

$\quad 4 + 3 + 3 =$ ☐☐ $\qquad 5 - 4 + 8 =$ ☐ $\qquad\qquad 6 =$ ☐ $+ 1$

8

+	2	0	3	4	1
3					
6					
4					

9

−	2	5	0	7	3
10					
9					
7					

10 Setze das richtige Zeichen: $<$ $=$ $>$.

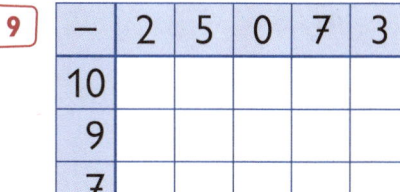

a) 7 ◯ 9 $\qquad$ **b)** $3 + 6$ ◯ 8 $\qquad$ **c)** $10 - 6$ ◯ 4

$\quad 10$ ◯ 8 $\qquad\qquad 7 + 0$ ◯ 7 $\qquad\qquad 10 - 5$ ◯ 7

$\quad 1$ ◯ 0 $\qquad\qquad 4 + 5$ ◯ 9 $\qquad\qquad 10 - 8$ ◯ 3

$\quad 5$ ◯ 6 $\qquad\qquad 3 + 4$ ◯ 8 $\qquad\qquad 10 - 10$ ◯ 0

---

1 und 2: Addieren und Subtrahieren 3 bis 5: Platzhalter bestimmen
6: Summen/Differenzen berechnen 7: Zerlegen 8 und 9: Summen/Differenzen
in den Tabellen berechnen 10: Relationszeichen setzen

Addieren und Subtrahieren bis 20

1
5 + 6 =
9 + 9 =
8 + 4 =
6 + 6 =

2
4 + 7 =
8 + 6 =
3 + 8 =
7 + 9 =

3
16 − 9 =
13 − 5 =
15 − 6 =
16 − 8 =

4
7 + ☐ = 16
4 + ☐ = 11
15 − ☐ = 8
17 − ☐ = 9

5
☐ + 5 = 14
☐ + 9 = 15
☐ + 4 = 12
☐ + 8 = 16

6
14 − ☐ = 6
☐ − 5 = 12
17 − ☐ = 8
☐ − 0 = 10

7
17 = 9 + ☐
13 = 7 + ☐
15 = ☐ + 6
16 = ☐ + 8
14 = 6 + ☐

8
12 = 15 − ☐
17 = 20 − ☐
14 = ☐ − 5
11 = ☐ − 8
9 = ☐ − 7

9
7 + 5 + 3 =
1 + 8 + 9 =
13 − 4 − 3 =
16 − 1 − 6 =
14 + 5 − 4 =

10

$13 \xrightarrow{+\ ☐} 20$ $8 \xrightarrow{+\ ☐} 17$ $7 \xrightarrow{+\ ☐} 19$

$14 \xrightarrow{-\ ☐} 7$ $12 \xrightarrow{-\ ☐} 8$ $13 \xrightarrow{-\ ☐} 5$ $15 \xrightarrow{-\ ☐} 6$

11

+	6	9	4	7	3
9					
11					

12

−	5	7	0	10	8
15					
12					

1 bis 3: Addieren und Subtrahieren   4 bis 6: Platzhalter bestimmen   7 und 8: Zerlegen
9: Vorteilhaft rechnen   10: Addieren und Subtrahieren   11 und 12: Tabellen ergänzen

Tauschaufgaben und Umkehraufgaben

$-$ $\cdot$
$:$ $+$

1

  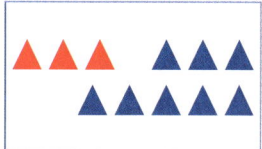

$4 + 7 =$ ☐☐ $5 + 4 =$ ☐ $3 + 8 =$ ☐☐

$7 + 4 =$ ☐☐   ☐ $+$ ☐ $=$ ☐   ☐ $+$ ☐ $=$ ☐☐

2 Löse die Aufgabe und die Tauschaufgabe.

$6 + 5 =$ ☐☐ $9 + 6 =$ ☐☐ $11 + 9 =$ ☐☐

☐ $+$ ☐ $=$ ☐☐   ☐ $+$ ☐ $=$ ☐☐   ☐ $+$ ☐☐ $=$ ☐☐

3 Überprüfe dein Ergebnis mit der Umkehraufgabe.

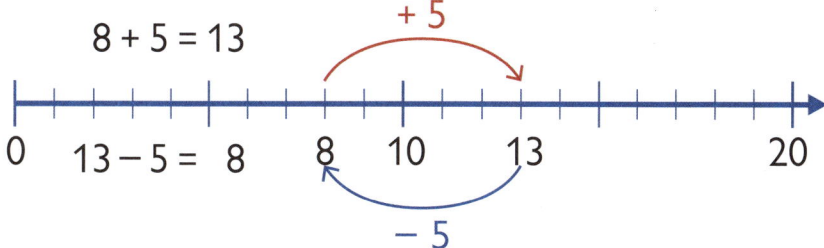

$8 + 5 = 13$

$+5$

$13 - 5 =$ 8

0   8   10   13   20

-5

$9 + 8 =$ ☐☐ $4 + 6 =$ ☐☐ $7 + 5 =$ ☐☐

☐☐ $- 8 =$ ☐   ☐☐ $- 6 =$ ☐   ☐☐ $-$ ☐ $=$ ☐

$18 - 6 =$ ☐☐ $13 - 5 =$ ☐ $14 - 9 =$ ☐

☐☐ $+ 6 =$ ☐☐   ☐ $+ 5 =$ ☐☐   ☐ $+$ ☐ $=$ ☐☐

---

1 und 2: Aufgabe und Tauschaufgabe lösen
3: Aufgabe und Umkehraufgabe lösen

1 Rechne. Überprüfe mit der Umkehraufgabe.

$20 - 7 =$ ☐☐ $13 - 9 =$ ☐ $8 + 12 =$ ☐☐

☐☐ $+ 7 =$ ☐☐   ☐ $+$ ☐ $=$ ☐☐   ☐☐ $- 8 = 12$

2 Bilde Aufgabenfamilien.

 8 **4** **12** $8 + 4 = 12$ $12 - 4 =$ ☐
                    $4 + 8 = 12$ $12 - 8 =$ ☐

3 **9** **6** **15**   ☐ $+$ ☐ $=$ ☐☐   ☐☐ $-$ ☐ $=$ ☐
                            ☐ $+$ ☐ $=$ ☐☐   ☐☐ $-$ ☐ $=$ ☐

4 **14** **6** **8**   ☐ $+$ ☐ $=$ ☐☐   ☐☐ $-$ ☐ $=$ ☐
                            ☐ $+$ ☐ $=$ ☐☐   ☐☐ $-$ ☐ $=$ ☐

5 **9** **16** **?**   ☐ $+$ ☐ $=$ ☐☐   ☐☐ $-$ ☐ $=$ ☐
                            ☐ $+$ ☐ $=$ ☐☐   ☐☐ $-$ ☐ $=$ ☐

6 Wer hat mehr Geld?

Lisa hat 9 € gespart. Ihre Oma schenkt ihr 6 €.
Ben hat 16 € gespart. Für 5 € kauft er ein Buch.

Aufgabe:

Antwort:

1: Aufgabe lösen, Umkehraufgabe bilden und lösen   2 bis 5: Aufgabenfamilien bilden
6: Sachverhalte erfassen; Aufgaben bilden und lösen; Antwort schreiben

Addieren und Subtrahieren mit drei Zahlen

1 $3 + 9 + 5 =$ $\qquad$ $17 - 4 - 8 =$ $\qquad$ $7 + 6 - 8 =$ $\qquad$

$6 + 6 + 7 =$ $\qquad$ $20 - 5 - 6 =$ $\qquad$ $19 - 7 + 2 =$ $\qquad$

$4 + 8 - 6 =$ $\qquad$ $16 - 4 - 8 =$ $\qquad$ $20 - 9 + 4 =$ $\qquad$

$9 + 2 + 9 =$ $\qquad$ $15 - 7 - 3 =$ $\qquad$ $16 + 2 - 9 =$ $\qquad$

2 Rechne vorteilhaft.

$7 + 9 + 3 =$ $\qquad$ $18 - 5 - \ 8 =$ $\qquad$ $14 - 8 + 4 =$ $\qquad$

$2 + 6 + 8 =$ $\qquad$ $7 - 4 + \ 4 =$ $\qquad$ $15 + 4 - 5 =$ $\qquad$

$10 + 6 + 4 =$ $\qquad$ $19 - 5 - 10 =$ $\qquad$ $13 - 9 + 7 =$ $\qquad$

3 **+** oder **–** ?

a) $4 \bigcirc 3 + 9 = 16$

$9 + 5 \bigcirc 6 = 8$

$2 \bigcirc 8 + 7 = 17$

b) $14 \bigcirc 2 - 6 = 6$

$20 - 7 \bigcirc 3 = 10$

$18 \bigcirc 6 + 2 = 14$

4 Setze das richtige Zeichen: **<** **=** **>**.

$6 + 5 + 7 \bigcirc 6 + 6 + 4$ $\qquad$ $12 + 7 - 4 \bigcirc 5 + 10 + 0$

$4 + 9 + 6 \bigcirc 8 + 2 + 7$ $\qquad$ $20 - 9 - 3 \bigcirc 2 + 13 - 4$

5 Anna hat für ihre Klasse 8 Flaschen
Kakaomilch, 7 Flaschen Vanillemilch
und 5 Flaschen Erdbeermilch bestellt.
Wie viele Flaschen hat sie insgesamt bestellt?

Aufgabe:

Antwort:

Die Zehnerzahlen bis 100

1

0   30   60   90

2 Ordne die richtigen Zahlen zu.

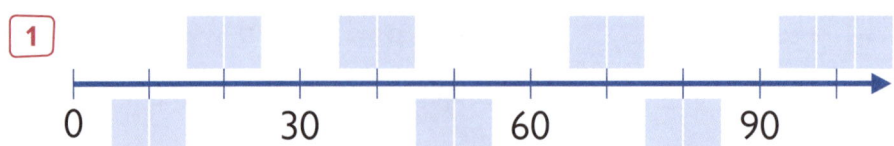

3 Ordne diese Zehnerzahlen.
Beginne mit der kleinsten Zahl.

60 40 80
50 20 90 70

4 Welche Zehnerzahlen liegen zwischen
diesen Zahlen?

Zwischen 60 und 100:

Zwischen 10 und 70:

Zwischen 30 und 90:

5 Setze das richtige Zeichen: < oder >.

9 ⬤ 5   1 ⬤ 4   10 ⬤ 7   6 ⬤ 8
90 ⬤ 50   10 ⬤ 40   100 ⬤ 70   60 ⬤ 80

1: Zehnerzahlen antragen   2: Zehnerzahlen zuordnen
3: Zehnerzahlen ordnen   4: Zehnerzahlen finden   5: Relationszeichen setzen

Addieren und Subtrahieren mit Zehnerzahlen

1 Trage die richtigen Zahlen an.

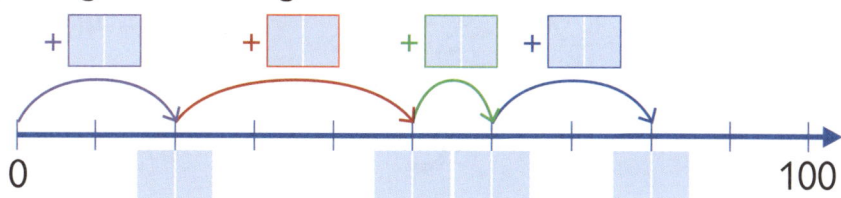

2 Zehnersprünge auf dem Zahlenstrahl
Wahr **w** oder falsch **f** ?

a) von der 30 bis zur 70:   5 Zehnersprünge

von der 60 bis zur 100: 4 Zehnersprünge

von der 0 bis zur 40:   3 Zehnersprünge

b) Von der 30 bis zur 70 sind es
weniger als 5 Zehnersprünge.
Von der 60 bis zur 40 sind es
genau 2 Zehnersprünge.
Von der 90 bis zur 50 sind es
mehr als 5 Zehnersprünge.

3 **a)** 40 + 30 = 70, denn 4 + 3 = 7

70 + 20 =   , denn   +   =

40 + 60 =   , denn   +   =

b) 80 − 60 = 20, denn 8 − 6 = 2

90 − 50 =   , denn   −   =

70 − 40 =   , denn   −   =

1

$80 - \boxed{} = 40$

$70 + \boxed{} = 90$

$60 - \boxed{} = 10$

$30 + \boxed{} = 60$

2

$20 + 60 + 10 = \boxed{}$

$30 + 20 + 40 = \boxed{}$

$100 - 50 - 20 = \boxed{}$

$80 - 40 - 30 = \boxed{}$

3

$70 \xrightarrow{} 40 \qquad 100 \xrightarrow{} 20 \qquad 40 \xrightarrow{} 90$

$60 \xrightarrow{} 100 \qquad 10 \xrightarrow{} 50 \qquad 60 \xrightarrow{} 0$

4

$20€ + 40€ = \boxed{}€ \qquad\qquad 100€ - 80€ = \boxed{}€$

$10€ + 40€ = \boxed{}€ \qquad\qquad 40€ - 40€ = \boxed{}€$

$30€ + 30€ = \boxed{}€ \qquad\qquad 100€ - 50€ = \boxed{}€$

$40€ + 40€ = \boxed{}€ \qquad\qquad 100€ - 90€ = \boxed{}€$

5 Setze das richtige Zeichen: **<** **=** **>**

$40€ + 20€ \bigcirc 50€ \qquad 90€ - 40€ \bigcirc 20€ + 30€$

$20€ + 80€ \bigcirc 90€ \qquad 80€ - 70€ \bigcirc 10€ + 30€$

6 Tom hat für 30 € Bücher gekauft.
Er bezahlt mit zwei 20-Euro-Scheinen.
Wie viel Geld bekommt er zurück?

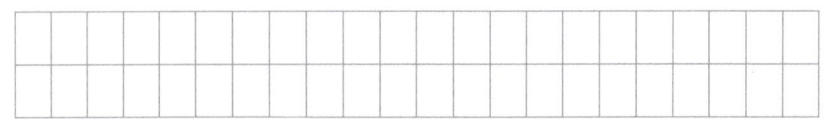

1 und 2: Addieren und Subtrahieren   3: Platzhalter bestimmen   4: Mit Geldbeträgen rechnen
5: Relationszeichen setzen   6: Sachverhalt erfassen; Aufgaben bilden und lösen; Antwort schreiben

1	2	3	4	5	6	7	8	9	10
									20
									30
									40
51									
61									
71									
81									
91									100

1 Trage die Zahlen ein:
48, 23, 56, 12, 70, 39, 64, 98, 79, 88.

2 Trage die Vorgänger der Zahlen 48, 23, 56, 12, 88 rot ein.

3 Trage die Nachfolger der Zahlen 48, 56, 98, 79, 88 blau ein.

4 Trage alle Zahlen, die zwischen den Zahlen 64 und 70 liegen, orange ein.

5 Trage die Zahlen 15, 28, 45, 60, 81 und 94 an den Zahlenstrahl an.

0   15   100

6 Ordne diese Zahlen.
Beginne mit der größten Zahl.

| 12 31 77 44 99 |
| 80 21 76 100 |

Vergleichen und Ordnen der Zahlen bis 100

1 Zahlen gesucht

a) Alle Zahlen mit dem Zehner 7:

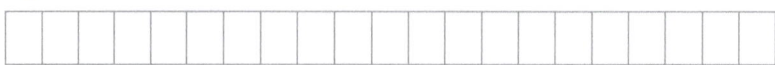

b) Alle Zahlen mit dem Einer 4:

c) Alle Zahlen mit gleichem Zehner und Einer:

2 Suche alle Zahlen, bei denen Zehner und Einer vertauscht wurden.
Vergleiche diese Zahlen miteinander.

| 95 | 73 | 86 | 30 | 14 | 57 | 62 |

| 59 | 75 | 26 | 41 | 37 | 68 | 3 |

Schreibe so: 14 < 41

3 Setze das richtige Zeichen: < = > .

a) 40 ⬤ 20   **b)** 30 + 30 ⬤ 60   **c)** 70 − 50 ⬤ 30

70 ⬤ 90   20 + 60 ⬤ 70   90 − 40 ⬤ 60

Sachaufgaben – Fragen, Aufgaben, Antworten

1 Im Aussichtsturm führen 80 Stufen hoch.
Ben ist schon 50 Stufen hochgestiegen.

Frage: _____

Aufgabe: | | | | | | | | | | | | | | | | | |

Antwort: _____

2 Drei Wandergruppen mit 9 Kindern, 7 Kindern
und 4 Kindern erreichen den Waldsee.

Frage: _____

Aufgabe: | | | | | | | | | | | | | | | | | |

Antwort: _____

3 Die Lehrerin kauft eine Wanderkarte für 8 Euro.
Sie bezahlt mit einem 20-Euro-Schein.

Frage: _____

Aufgabe: | | | | | | | | | | | | | | | | | |

Antwort: _____

4 Zum Hirschgehege wandern 7 Kinder.
Zum Ententeich wandern doppelt so viele Kinder.

Frage: _____

Aufgabe: | | | | | | | | | | | | | | | | | |

Antwort: _____

Geraden, die einander schneiden

1 Zeichne Geraden durch je zwei Punkte.

x
C

x
D

x
A

x
B

2 Zeichne vier Geraden, die sich schneiden:
a) in einem Punkt   **b)** in vier Punkten

3 Zeichne Geraden so durch die Punkte,
dass folgende Figuren entstehen:

a) ein Dreieck   **b)** ein Viereck   **c)** ein Sechseck

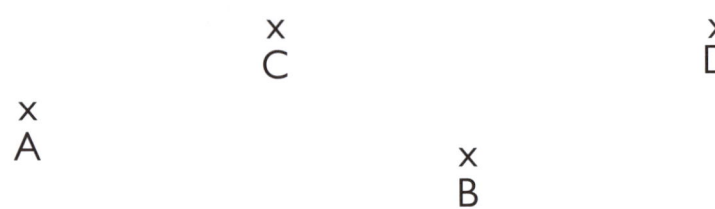

x
B

x
H

x
G

x
N

x
M

x
A

x
C

x
E

x
F

x
O

x
L

x
J

x
K

1 bis 3: Geraden nach Vorgaben zeichnen

1 Zeichne Parallelen zur Geraden g
ohne Geodreieck.

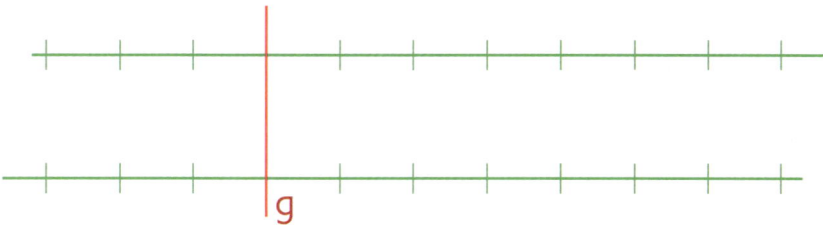

2 Zeichne zur Geraden g parallele Geraden
mit dem Geodreieck.

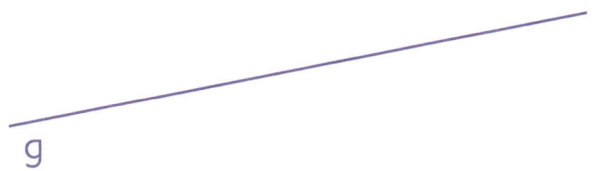

3 Zeichne die Parallelen blau nach.

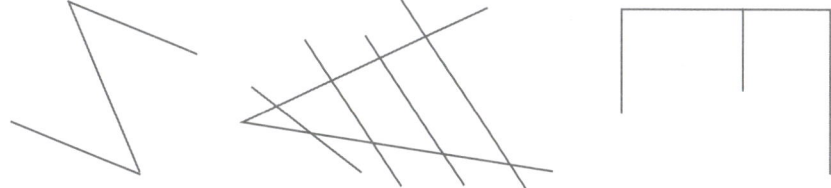

4 Sind die Geraden e und f parallel? Prüfe nach.

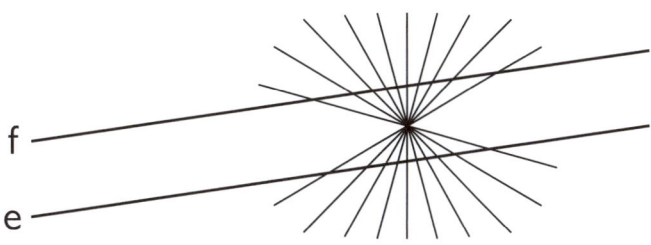

Geraden, die zueinander senkrecht sind

1 Zeichne Senkrechten zu den Strecken $\overline{CD}$, $\overline{EF}$ und $\overline{GH}$.

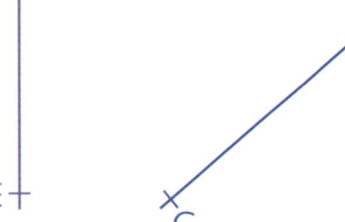

2 Zeichne die Senkrechten rot nach.

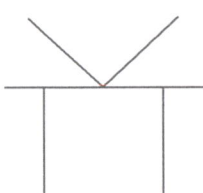

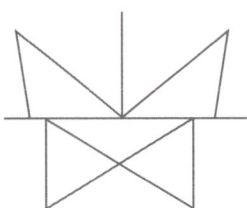

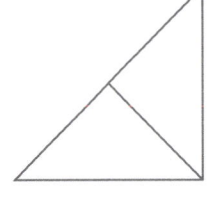

3 Zeichne die rechten Winkel grün nach.

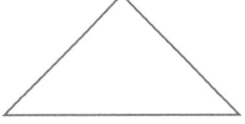

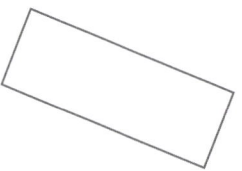

4 Zeichne ein Muster mit Senkrechten und Parallelen.

Addieren einstelliger Zahlen zu Zehnerzahlen

1 Addiere.

$30 + 6 = 36$ $6 + 30 = 36$

$20 + 5 =$

$70 + 1 =$

$40 + 9 =$

$50 + 5 =$

$30 + 7 =$

$8 + 30 =$

$7 + 10 =$

$4 + 80 =$

$6 + 60 =$

$1 + 50 =$

2 Zerlege.

$24 = 20 + 4$

$19 = 10 +$

$33 = 30 +$

$61 = +$

$75 = +$

$57 = +$

3 Ergänze.

$20 + 6 = 26$

$50 + = 59$

$30 + = 33$

$90 + = 99$

$40 + = 45$

$20 + = 28$

4 Finde die Zehnerzahl.

$40 + 3 = 43$

$ + 2 = 52$

$ + 9 = 29$

$ + 2 = 92$

$ + 4 = 34$

$ + 6 = 66$

$ + 4 = 44$

$ + 7 = 67$

$ + 6 = 76$

$ + 3 = 13$

$ + 9 = 39$

5 Wie viel Geld ist in jeder Börse?

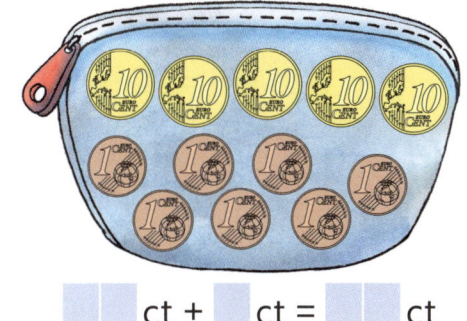

 ct + ct = ct ct + ct = ct

Subtrahieren einstelliger Zahlen von Zehnerzahlen

1 Subtrahiere.

$40 - 3 = 37$

$30 - 5 = $

$70 - 4 = $

$20 - 9 = $

$50 - 8 = $

$30 - 7 = $

2 Finde die fehlende Zahl.

$30 - 6 = 24$ $90 - 5 = 85$

$70 - = 63$ $ - 8 = 32$

$30 - = 26$ $ - 5 = 55$

$60 - = 59$ $ - 1 = 19$

$50 - = 41$ $ - 3 = 77$

$40 - = 33$ $ - 6 = 34$

3

−	9	5	6	3
40				
60				
90				

4

−	5			
30		21		
70			68	
50				43

5 Wahr **w** oder falsch **f** ?

a) $40 - 7 = 33$ ◯

$50 + 2 = 52$ ◯

$70 + 7 = 77$ ◯

$30 + 6 = 63$ ◯

b) $50 - 5 = 40 + 5$ ◯

$70 - 3 = 60 + 3$ ◯

$30 + 6 = 40 - 4$ ◯

$20 + 8 = 30 - 8$ ◯

6 Setze das richtige Zeichen: **<** **=** **>** .

$40 + 7$ ◯ 47 39 ◯ $40 - 2$ $40 + 4$ ◯ $30 + 6$

$80 - 3$ ◯ 75 66 ◯ $60 + 6$ $90 - 7$ ◯ $80 + 7$

1: Subtrahieren   2: Platzhalter bestimmen
3 und 4: Tabellen ergänzen   5: Wahrheitsgehalt prüfen   6: Relationszeichen setzen

Addieren einstelliger zu zweistelligen Zahlen

1 | $3 + 2 =$ **2** | $7 + 1 =$ **3** | $6 + 3 =$

$43 + 2 =$ $57 + 1 =$ $16 + 3 =$

$63 + 2 =$ $67 + 1 =$ $26 + 3 =$

$83 + 2 =$ $77 + 1 =$ $36 + 3 =$

4 $+ 5 = 49$ **5** $+ 8 = 60$ **6** $53 + $ $= 59$

     $+ 5 = 39$ $+ 8 = 70$ $73 + $ $= 75$

     $+ 5 = 29$ $+ 8 = 80$ $60 + $ $= 66$

     $+ 5 = 19$ $+ 8 = 90$ $91 + $ $= 99$

7

+	9	7	5	3
81				
41				
21				
11				

8

+	34	41	14	82
4				
	36			
		47		
			17	

9 a)

74	
71	+
70	+
72	+
74	+
73	+

b)

86	
81	+
83	+
85	+
82	+
84	+

c)

99		
	+	4
	+	9
	+	3
	+	7
	+	5

Subtrahieren einstelliger von zweistelligen Zahlen

1 | $9 - 5 =$ ☐   **2** | $8 - 3 =$ ☐   **3** | $6 - 6 =$ ☐

$49 - 5 =$ ☐ $58 - 3 =$ ☐ $26 - 6 =$ ☐

$69 - 5 =$ ☐ $18 - 3 =$ ☐ $46 - 6 =$ ☐

$89 - 5 =$ ☐ $68 - 3 =$ ☐ $66 - 6 =$ ☐

4 $49 - ☐ = 45$ **5** $☐ - 8 = 52$ **6** $53 - ☐ = 50$

$57 - ☐ = 53$ $☐ - 8 = 62$ $☐ - 7 = 73$

$78 - ☐ = 74$ $☐ - 8 = 72$ $66 - ☐ = 60$

$95 - ☐ = 91$ $☐ - 8 = 82$ $☐ - 4 = 44$

7

−	9	7	5	3
89				
49				
29				
19				

8

−				
69		64		
38			34	
57				50
88	82			

9 a) 73

78	−	
79	−	
73	−	
77	−	
74	−	

b) 82

89	−	
85	−	
88	−	
87	−	
83	−	

c) 91

	−	4
	−	8
	−	5
	−	7
	−	2

1 bis 3: Subtrahieren   4 bis 6: Platzhalter bestimmen
7 und 8: Tabellen ergänzen   9: Platzhalter bestimmen

Sachaufgaben – Addieren und Subtrahieren

1 Lisa hat 24 Euro und bekommt noch 5 Euro.

Frage:

Aufgabe:

Antwort:

2 Max hat 48 Euro in seiner Sparbüchse.
Für 6 Euro kauft er zwei Lesehefte.

Frage:

Aufgabe:

Antwort:

3 Im Speisesaal stehen 62 Stühle und 29 Tische.
Es kommen 8 Stühle dazu und 6 Tische weg.

Frage:

Aufgabe:

Antwort:

4 Beim Pfeilwerfen wurden diese Treffer erzielt:

	1. Wurf	2. Wurf	3. Wurf	Insgesamt
Anna	12 Ringe	8 Ringe	6 Ringe	
Maria	16 Ringe	9 Ringe	4 Ringe	

Frage:

Aufgabe:

Antwort:

1 bis 3: Fragen stellen; Additions- und Subtraktionsaufgaben finden und lösen, im Satz antworten
4: Tabelle vervollständigen; Frage stellen; im Satz antworten

21

Addieren mit Zehnerübergang

1 37 + 8 = ☐☐   **2** 89 + 5 = ☐☐   **3** 68 + 9 = ☐☐

25 + 9 = ☐☐   36 + 8 = ☐☐   88 + 7 = ☐☐

14 + 7 = ☐☐   55 + 6 = ☐☐   44 + 8 = ☐☐

19 + 6 = ☐☐   48 + 3 = ☐☐   77 + 7 = ☐☐

4 53 = 47 + ☐   **5** 62 = ☐ + 4   **6** 46 + ☐ = 54

27 = 18 + ☐   38 = ☐ + 9   59 + ☐ = 62

64 = 58 + ☐   73 = ☐ + 8   66 + ☐ = 71

42 = 36 + ☐   94 = ☐ + 6   77 + ☐ = 83

7 Wahr **w** oder falsch **f** ?

66 + 6 = 72 ◯   45 + 9 = 55 ◯   89 + 7 = 85 ◯

28 + 4 = 33 ◯   55 + 6 = 51 ◯   74 + 9 = 83 ◯

8

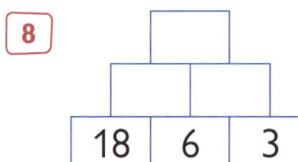

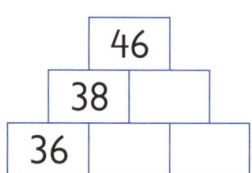

9

+	4	5	7	8
29				
38				
57				

10

+	44	87	68	79
7				
9				
8				

1 bis 3: Addieren   4 und 5: Zerlegen   6: Zweiten Summanden bestimmen
7: Wahrheitsgehalt prüfen   8: Rechenmauern lösen   9 und 10: Tabellen ergänzen

Subtrahieren mit Zehnerübergang

1
$42 - 5 = \square\square$
$33 - 8 = \square\square$
$21 - 3 = \square\square$
$74 - 6 = \square\square$

2
$84 - 7 = \square\square$
$54 - 9 = \square\square$
$66 - 8 = \square\square$
$42 - 5 = \square\square$

3
$27 - 8 = \square\square$
$72 - 4 = \square\square$
$91 - 3 = \square\square$
$63 - 6 = \square\square$

4
$43 - \square = 35$
$66 - \square = 57$
$24 - \square = 19$
$52 - \square = 48$

5
$\square\square - 7 = 28$
$\square\square - 3 = 49$
$\square\square - 6 = 76$
$\square\square - 5 = 37$

6
$38 - \square = 29$
$\square\square - 6 = 19$
$85 - \square = 78$
$\square\square - 2 = 89$

7
$94 \xrightarrow{-8} \square\square \xrightarrow{-7} \square\square \xrightarrow{-9} \square\square \xrightarrow{-6} \square\square \xrightarrow{-9} 55$

$81 \xrightarrow{-3} \square\square \xrightarrow{-9} \square\square \xrightarrow{-5} \square\square \xrightarrow{-8} \square\square \xrightarrow{-7} 49$

8 Wahr w oder falsch f ?

$64 - 9 = 55$ ⬤ $32 - 7 = 26$ ⬤ $95 - 9 = 85$ ⬤

$55 - 7 = 46$ ⬤ $76 - 8 = 66$ ⬤ $83 - 8 = 75$ ⬤

9

−	5	6	8	9
42				
74				
61				

10

−				8
64	58			
52		47		
73			64	

1 bis 3: Subtrahieren   4 bis 6: Platzhalter bestimmen   7: Kettenaufgaben lösen
8: Wahrheitsgehalt prüfen   9 und 10: Tabellen ergänzen

23

Addieren und Subtrahieren

1

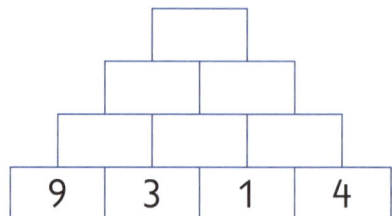
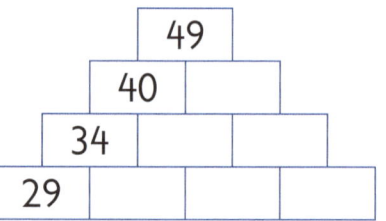

| 9 | 3 | 1 | 4 |

| 49 |
| 40 |
| 34 |
| 29 |

2 Bilde Aufgabenfamilien zur Addition und Subtraktion.

3 Setze die Zahlenfolgen fort.

14, 21, 28,

93, 86, 79,

24, 16, 8

24, 18, 12

4 Setze das richtige Zeichen: + oder −.

28 ⬤ 7 = 43 ⬤ 8   70 ⬤ 9 = 52 ⬤ 9

35 ⬤ 8 = 30 ⬤ 3   44 ⬤ 8 = 40 ⬤ 4

1 Am Zeitungskiosk wurden
83 Tageszeitungen verkauft.
Das sind 8 Zeitungen mehr als
am Vortag. Wie viele Zeitungen
wurden am Vortag verkauft?

Aufgabe:

Antwort:

2 An der Schule von Tom gibt es
56 Fahrradständer. Es werden noch
weitere 9 Ständer gebaut.
Wie viele Fahrradständer
gibt es nun an der Schule?

Aufgabe:

Antwort:

3 Maria hat bereits 43 Bilder von Sportlern
gesammelt. 6 Bilder hat sie doppelt.
Diese verschenkt sie an Max.
Wie viele hat sie nun noch?

Aufgabe:

Antwort:

Rechnen mit Geld

1 Ordne. Beginne mit dem kleinsten Geldwert.

2 **a)** $75\,€ + 6\,€ =$ ☐☐ € **b)** $83\,€ - 8\,€ =$ ☐☐ €

$91\,€ + 9\,€ =$ ☐☐ € $100\,€ - 5\,€ =$ ☐☐ €

3

Preis	12 €	78 ct	34 €	63 €
Du bezahlst mit:				
Du bekommst zurück:				

4 Wechsle. Gib immer zwei Möglichkeiten an.

a) Nur in Scheinen:

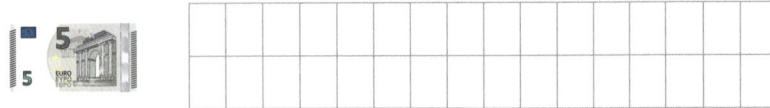

b) In Münzen:

1: Ordnen nach Vorschrift   2: Summen und Differenzen bestimmen
3: Rückgeld berechnen   4: Zerlegungen angeben

1 Zeichne Geraden durch je zwei der Punkte A, B und C.

× B

× A

× C

2 Zeichne die Dreiecke FGH, LNM und PQR.

× H

× D

× F

× A

× L

P ×

× M

× G

× Q

× N

× R

× E

3 Verbinde die Punkte so, dass ein Viereck entsteht.

× C

a)

× D

b)

× H

× G

× A

× B

× E

× F

Rechtecke und Quadrate

1 Zähle die Figuren.

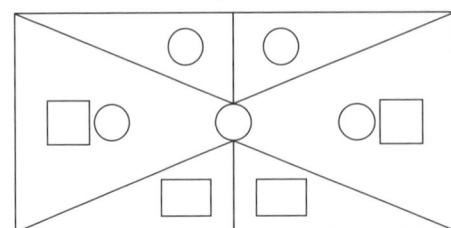

Name	Anzahl
Dreieck	
Quadrat	
Kreis	
Rechteck	

2 Zeichne ein Rechteck.
Breite: 4 Kästchen
Länge: 7 Kästchen

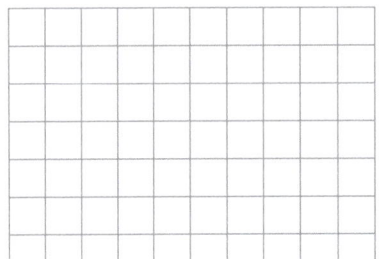

3 Zeichne ein Quadrat.
Länge der Seiten:
5 Kästchen

4 Ergänze zum
Quadrat ABCD.

5 Ergänze zum
Rechteck EFGH.

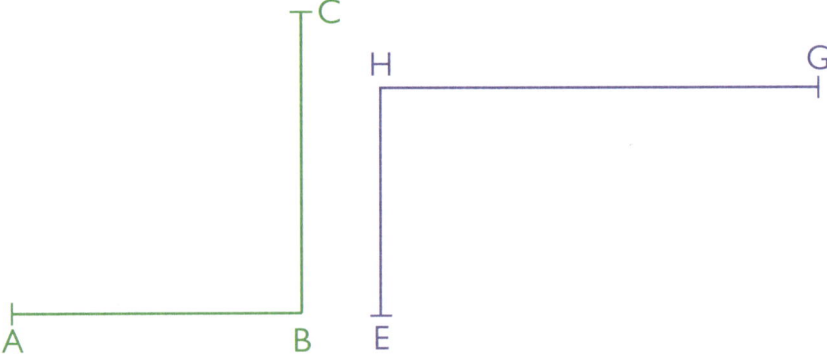

1: Figuren zählen   2 und 3: Figuren nach Vorgabe zeichnen
4 und 5: Figuren fertig zeichnen

1 Gib die Länge der Strecken in Zentimeter und Millimeter an.

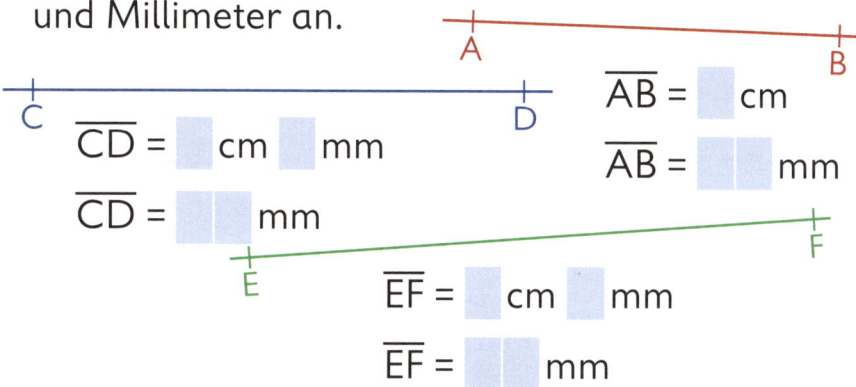

$\overline{CD}$ = ⬜ cm ⬜ mm

$\overline{CD}$ = ⬜⬜ mm

$\overline{AB}$ = ⬜ cm

$\overline{AB}$ = ⬜⬜ mm

$\overline{EF}$ = ⬜ cm ⬜ mm

$\overline{EF}$ = ⬜⬜ mm

2 Zeichne Strecken mit den folgenden Längen.
$\overline{AB}$ = 8 cm $\overline{DE}$ = 38 mm $\overline{GH}$ = 5 cm 5 mm

3 Zeichne eine Strecke $\overline{MN}$ = 4 cm und eine Strecke $\overline{RS}$, die doppelt so lang wie $\overline{MN}$ ist.

4 Zeichne eine Strecke $\overline{EF}$ = 80 mm und eine Strecke $\overline{GH}$, die nur halb so lang wie $\overline{EF}$ ist.

Addieren und Subtrahieren mit Zehnerzahlen

1
52 + 40 = ☐☐   78 − 40 = ☐☐   38 + ☐☐ = 48
18 + 60 = ☐☐   56 − 30 = ☐☐   41 − ☐☐ = 11
33 + 50 = ☐☐   92 − 80 = ☐☐   55 + ☐☐ = 95
45 + 40 = ☐☐   87 − 50 = ☐☐   92 − ☐☐ = 62

2
☐☐ + 20 = 57   ☐☐ − 60 = 34   ☐☐ + 30 = 76
☐☐ + 70 = 93   ☐☐ − 40 = 41   ☐☐ − 50 = 14
☐☐ + 50 = 84   ☐☐ − 20 = 77   ☐☐ + 70 = 96
☐☐ + 40 = 89   ☐☐ − 30 = 55   ☐☐ − 60 = 28

3
a) 100 $\xrightarrow{-30}$ ☐☐ $\xrightarrow{+18}$ ☐☐ $\xrightarrow{-40}$ ☐☐ $\xrightarrow{+50}$ ☐☐

b) 28 $\xrightarrow{+50}$ ☐☐ $\xrightarrow{-8}$ ☐☐ $\xrightarrow{+25}$ ☐☐ $\xrightarrow{-60}$ ☐☐

4
a) Berechne die Summe, wenn 36 und 60 die Summanden sind.

☐☐☐☐☐☐☐☐☐☐☐☐☐☐☐☐☐☐☐☐☐

b) Berechne die Differenz aus 98 und 60.

☐☐☐☐☐☐☐☐☐☐☐☐☐☐☐☐☐☐☐☐☐

c) Der Minuend ist 56 und der Subtrahend ist 40. Berechne die Differenz.

☐☐☐☐☐☐☐☐☐☐☐☐☐☐☐☐☐☐☐☐☐

30

1 : Addieren und Subtrahieren   2: Platzhalter bestimmen
3: Rechenketten lösen   4: Begriffe verstehen; Aufgaben finden und lösen

1

24 + 13 = ☐☐   ☐☐ + ☐☐ = ☐☐

2

42 + 24 = ☐☐	61 + 37 = ☐☐	48 = 31 + ☐☐
54 + 13 = ☐☐	25 + 23 = ☐☐	68 = 42 + ☐☐
86 + 12 = ☐☐	44 + 44 = ☐☐	55 = 32 + ☐☐
17 + 32 = ☐☐	71 + 26 = ☐☐	97 = 15 + ☐☐

3

26 + ☐☐ = 48	☐☐ + 35 = 88	14 + ☐☐ = 69
41 + ☐☐ = 77	☐☐ + 23 = 46	☐☐ + 45 = 86
55 + ☐☐ = 89	☐☐ + 17 = 58	35 + ☐☐ = 56
72 + ☐☐ = 96	☐☐ + 55 = 67	☐☐ + 64 = 88

4 In der Klasse 2 b gibt es 15 Schwimmer
und 12 Nichtschwimmer.

Frage: _____

Aufgabe: ☐☐☐☐☐☐☐☐☐☐☐☐☐☐☐☐☐☐☐

Antwort: _____

1: Aufgabe zuordnen und lösen   2: Addieren, Summe zerlegen   3: Summanden bestimmen
4: Sachverhalt erfassen; Aufgabe bilden und lösen; im Satz antworten

31

Subtrahieren ohne Zehnerübergang

1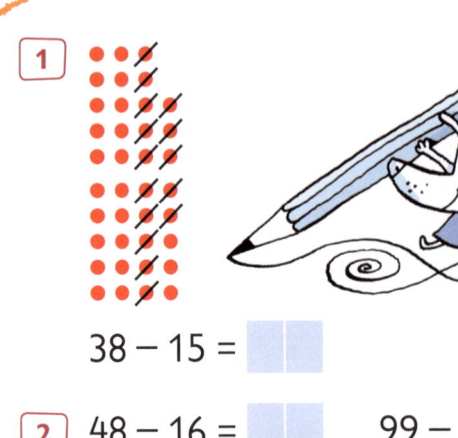

38 − 15 = ⬜⬜   ⬜⬜ − ⬜⬜ = ⬜⬜

2
48 − 16 = ⬜⬜   99 − 33 = ⬜⬜   74 − 53 = ⬜⬜

39 − 18 = ⬜⬜   85 − 61 = ⬜⬜   46 − 35 = ⬜⬜

66 − 24 = ⬜⬜   57 − 44 = ⬜⬜   87 − 66 = ⬜⬜

95 − 62 = ⬜⬜   76 − 25 = ⬜⬜   59 − 27 = ⬜⬜

3
27 − ⬜⬜ = 14   ⬜⬜ − 26 = 72   88 − ⬜⬜ = 44

54 − ⬜⬜ = 42   ⬜⬜ − 35 = 64   ⬜⬜ − 52 = 36

39 − ⬜⬜ = 28   ⬜⬜ − 42 = 31   55 − ⬜⬜ = 44

68 − ⬜⬜ = 35   ⬜⬜ − 18 = 41   ⬜⬜ − 25 = 21

4 Im Lesesaal stehen 87 Bücher.
Über das Wochenende haben die Kinder davon
32 Bücher ausgeliehen.

Frage: _____

Aufgabe: ⬜⬜⬜⬜⬜⬜⬜⬜⬜⬜⬜⬜⬜⬜⬜⬜

Antwort: _____

1: Aufgabe zuordnen und lösen   2: Subtrahieren   3: Platzhalter bestimmen
4: Sachverhalt erfassen; Aufgabe bilden und lösen; im Satz antworten

Addieren und Subtrahieren ohne Zehnerübergang

1

+	21	34	53	65
34				
23				

2

−	14	32	44	21
77				
95				

3
$34\,ct + 15\,ct = \boxed{}\,ct$

$26\,ct − 12\,ct = \boxed{}\,ct$

$44\,ct + 55\,ct = \boxed{}\,ct$

$77\,ct − 42\,ct = \boxed{}\,ct$

4
$42\,€ + 55\,€ = \boxed{}\,€$

$34\,€ − 22\,€ = \boxed{}\,€$

$18\,€ + 31\,€ = \boxed{}\,€$

$57\,€ − 44\,€ = \boxed{}\,€$

5
$13\,m + 32\,m = \boxed{}\,m$ $41\,cm + 32\,cm = \boxed{}\,cm$

$56\,m − 43\,m = \boxed{}\,m$ $65\,cm − 14\,cm = \boxed{}\,cm$

$24\,m + 24\,m = \boxed{}\,m$ $57\,cm − 16\,cm = \boxed{}\,cm$

$88\,m − 51\,m = \boxed{}\,m$ $23\,cm + 45\,cm = \boxed{}\,cm$

6 Wahr w oder falsch f ?

$36 + 42 = 68$ ⬤ $28\,m + 51\,m = 79\,m$ ⬤

$97 − 45 = 52$ ⬤ $78\,ct − 36\,ct = 32\,ct$ ⬤

7 Rechne. Kontrolliere mit der Umkehraufgabe.

$42 + 23 = 65$ $53 + 36 = \boxed{}$

$65 − 23 = 42$ $\boxed{} ⬤ \boxed{} = \boxed{}$

$11 + 48 = \boxed{}$ $67 − 35 = \boxed{}$

$\boxed{} ⬤ \boxed{} = \boxed{}$ $\boxed{} ⬤ \boxed{} = \boxed{}$

1 und 2: Tabellen ergänzen   3 bis 5: Addieren und Subtrahieren von Größen
6: Wahrheitsgehalt prüfen   7: Addieren und Subtrahieren; mit der Umkehraufgabe kontrollieren

33

Quader, Würfel und Kugel

1 Ordne die richtigen Zahlen zu.

Dreieck:

Quadrat:

Rechteck:

Kreis:

Quader:

Würfel:

Kugel:

2 Ergänze.

Jeder Würfel hat ☐ Ecken, ☐ Flächen.

Jedes Quadrat hat ☐ Eckpunkte, ☐ Seiten.

Jeder Quader hat ☐☐ Kanten, ☐ Flächen.

Jedes Rechteck hat ☐ Eckpunkte, ☐ Seiten.

Jede Kugel hat ☐ Ecken, ☐ Kanten, ☐ Fläche.

Jeder Kreis hat ☐ Eckpunkte, ☐ Seiten.

1: Flächen und Körper erkennen sowie zuordnen
2: Merkmale der Körper und Flächen nach Vorgabe bestimmen

1

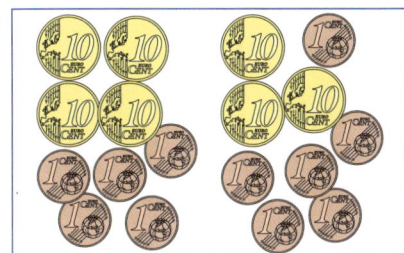

45 ct + ☐☐ ct = ☐☐ ct   64 ct + ☐☐ ct = ☐☐ ct

2
18 + 34 = ☐☐	72 + 19 = ☐☐	27 + 25 = ☐☐
47 + 34 = ☐☐	79 + 12 = ☐☐	37 + 39 = ☐☐
59 + 34 = ☐☐	22 + 49 = ☐☐	47 + 45 = ☐☐
27 + 34 = ☐☐	38 + 54 = ☐☐	57 + 19 = ☐☐

3 Rechne vorteilhaft.

25 + 65 = ☐☐	34 + 59 = ☐☐	56 + 35 = ☐☐
49 + 26 = ☐☐	28 + 39 = ☐☐	23 + 67 = ☐☐
27 + 29 = ☐☐	59 + 19 = ☐☐	16 + 35 = ☐☐
48 + 48 = ☐☐	45 + 46 = ☐☐	65 + 16 = ☐☐

4 Wahr **w** oder falsch **f** ?

a) Die Summe aus 43 und 29 liegt zwischen den Zahlen 70 und 80.

b) Die Summe aus 37 und 23 ist kleiner als 60.

Subtrahieren mit Zehnerübergang

1
$46 - 38 =$ ☐
$63 - 15 =$ ☐☐
$71 - 19 =$ ☐☐

$64 - 37 =$ ☐☐
$83 - 25 =$ ☐☐
$72 - 29 =$ ☐☐

$55 - 36 =$ ☐☐
$63 - 35 =$ ☐☐
$75 - 39 =$ ☐☐

$73 - 35 =$ ☐☐
$43 - 25 =$ ☐☐
$77 - 49 =$ ☐☐

2

−	16	27	38	19
84				
42				

3

−	23	33	43	53
92				
81				

4
$72 € - 36 € =$ ☐☐ €
$58 € - 29 € =$ ☐☐ €
$76 € - 38 € =$ ☐☐ €
$92 € - 46 € =$ ☐☐ €

5
$34 \,ct - 17 \,ct =$ ☐☐ ct
$36 \,ct - 18 \,ct =$ ☐☐ ct
$38 \,ct - 19 \,ct =$ ☐☐ ct
$56 \,ct - 28 \,ct =$ ☐☐ ct

6
$48 \,m - 29 \,m =$ ☐☐ m
$66 \,m - 28 \,m =$ ☐☐ m
$54 \,m - 27 \,m =$ ☐☐ m
$62 \,m - 26 \,m =$ ☐☐ m

$22 \,cm - 17 \,cm =$ ☐ cm
$33 \,cm - 28 \,cm =$ ☐ cm
$66 \,cm - 48 \,cm =$ ☐☐ cm
$88 \,cm - 59 \,cm =$ ☐☐ cm

7

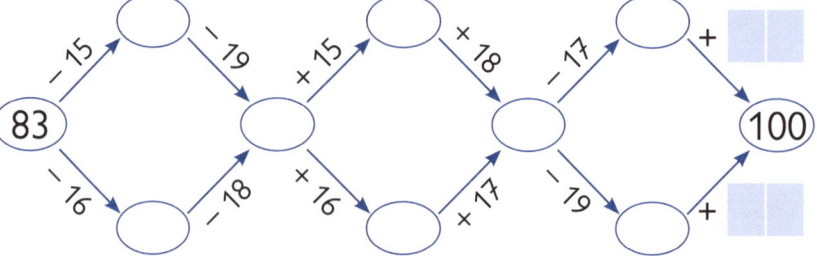

1: Subtrahieren   2 und 3: Tabellen ergänzen
4 bis 6: Differenzen von Größen berechnen   7: Rechenkette lösen

Addieren und Subtrahieren mit Zehnerübergang

1 Bilde Aufgabenfamilien.

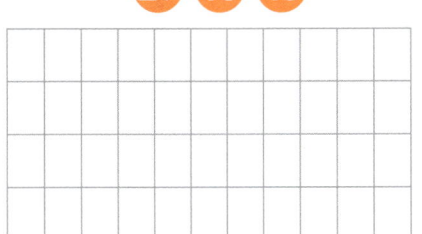 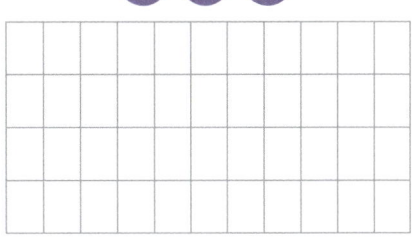

2

$48 = 29 + \square$	$54 = 72 - \square$	$67 = \square - 29$
$84 = 46 + \square$	$58 = 82 - \square$	$75 = \square + 38$
$66 = 37 + \square$	$43 = 71 - \square$	$26 = \square - 55$
$93 = 65 + \square$	$44 = 63 - \square$	$77 = \square + 48$

3

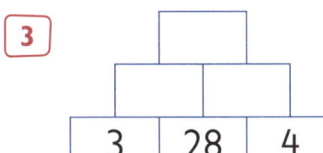 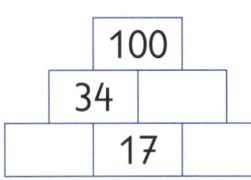 

4 Zahlen gesucht

Gesuchte Zahl:

a) Die Zahl ist um 23 größer als 48.

b) Die Zahl ist um 47 kleiner als 93.

c) Die Zahl ist die Differenz aus 83 und 35.

1: Aufgabenfamilien zur Addition und Subtraktion bilden
2: Platzhalter bestimmen   3: Rechenmauern lösen   4: Zahlen berechnen

37

1 Vor dem Laden wurden 83 Stiegen
mit Obst abgeladen.
Die Verkäuferin hat schon
58 Stiegen in den Laden getragen.

Frage: _____

Aufgabe:

Antwort: _____

2 Der Vati von Tom kauft für 14 €
Tulpenzwiebeln, für 47 € Blumen-
stauden und für 26 € Erdbeerpflanzen.

Frage: _____

Aufgabe:

Antwort: _____

3 Der Hausmeister hat für 28 €
einen Spaten und für 36 € zwei
Schaufeln gekauft. Er bezahlt
mit einem 100-Euro-Schein.

Frage: _____

Aufgabe:

Frage: _____

1 bis 3: Inhalt erfassen; Aufgaben bilden und lösen; im Satz antworten

Schreibe zu jedem Bild eine Aufgabe mit + und eine
Aufgabe mit · . Löse die Aufgaben.

1 Schreibe immer zwei Aufgaben und löse sie.

$4 + 4 + 4 = 12$

$3 \cdot 4 = 12$

⬜ + ⬜ = ⬜⬜   ⬜ + ⬜ + ⬜ = ⬜

⬜ · ⬜ = ⬜⬜   ⬜ · ⬜ = ⬜

2 Schreibe zu jedem Punktebild zwei Aufgaben
mit + und zwei Aufgaben mit ·.

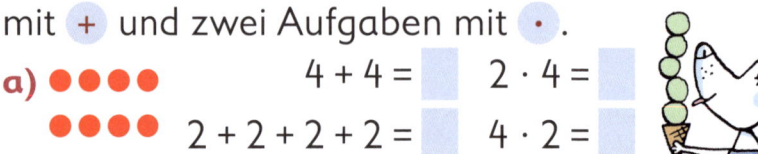

a) $4 + 4 = $ ⬜ $2 \cdot 4 = $ ⬜

$2 + 2 + 2 + 2 = $ ⬜ $4 \cdot 2 = $ ⬜

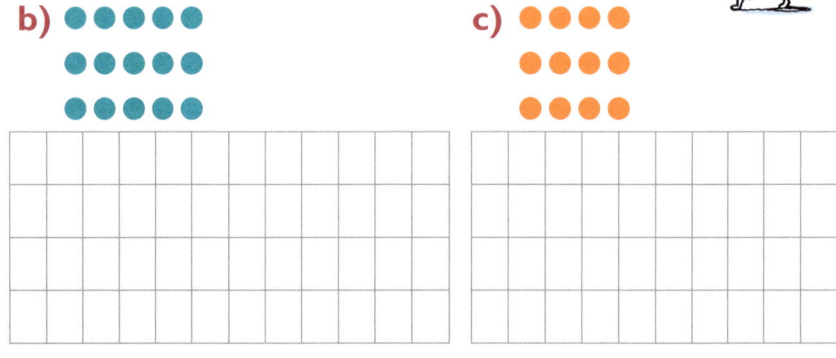

b)

c)

3 Die Faktoren sind 5 und 4. Berechne das Produkt.
Zeichne das passende Punktebild dazu.

1: Aufgaben zuordnen und lösen   2: Additions- und Multiplikationsaufgaben finden und lösen
3: Aufgabe bilden und lösen, Punktebild zuordnen

1 Schreibe zwei Multiplikationsaufgaben dazu auf.

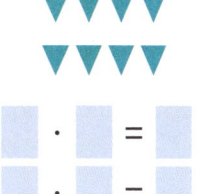 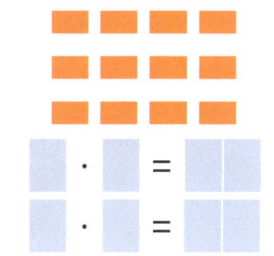 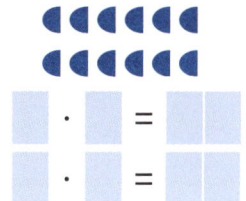

☐ · ☐ = ☐   ☐ · ☐ = ☐☐   ☐ · ☐ = ☐☐

☐ · ☐ = ☐   ☐ · ☐ = ☐☐   ☐ · ☐ = ☐☐

2 Zeichne zu jeder Aufgabe ein Punktebild.

3 · 7 = ☐☐   5 · 2 = ☐☐   4 · 3 = ☐☐

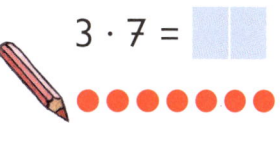

3 Was gehört zusammen?

| 4·3 | 2·9 | 4·5 | 3·4 | 6·2 | 5·7 | 4·8 |

| 5+5+5+5 | 7+7+7+7+7 | 4+4+4 | 9+9 |

| 2+2+2+2+2+2 | 8+8+8+8 | 3+3+3+3 |

4 Tom hängt 4 Paar Socken zum Trocknen auf.
Wie viele Klammern benötigt er, wenn jede
Socke mit einer Klammer befestigt wird?

Aufgabe:

Antwort:

1 Rechne.
Zeichne zu jeder Aufgabe ein Punktebild.

$1 \cdot 2 =$ ☐ | $2 \cdot 2 =$ ☐ | $3 \cdot 2 =$ ☐ | $4 \cdot 2 =$ ☐

2 a) $4 \cdot 2 =$ ☐   b) $2 \cdot 2 =$ ☐   c) $10 \cdot 2 =$ ☐☐
       $5 \cdot 2 =$ ☐☐ $3 \cdot 2 =$ ☐ $8 \cdot 2 =$ ☐☐
       $6 \cdot 2 =$ ☐☐ $7 \cdot 2 =$ ☐☐ $9 \cdot 2 =$ ☐☐

3 $5 \cdot 2 =$ ☐☐ $1 \cdot 2 =$ ☐   ☐ $\cdot 2 = 4$ ☐ $\cdot 2 = 6$
       $1 \cdot 2 =$ ☐ $2 \cdot 2 =$ ☐   ☐ $\cdot 2 = 14$ ☐ $\cdot 2 = 12$
       $4 \cdot 2 =$ ☐ $3 \cdot 2 =$ ☐   ☐ $\cdot 2 = 0$ ☐ $\cdot 2 = 18$

4 $4 \cdot 2 =$ ☐   ☐ $\cdot 2 = 0$ **5** $18 =$ ☐ $\cdot 2$
       ☐ $\cdot 2 = 12$ $3 \cdot 2 =$ ☐ $16 =$ ☐ $\cdot 2$
       $8 \cdot 2 =$ ☐☐   ☐ $\cdot 2 =$ ☐☐ $10 =$ ☐ $\cdot 2$

6 Max hat 7 CDs. Seine Schwester hat doppelt so
viele CDs. Wie viele CDs haben sie zusammen?

Aufgabe:
Antwort:

1 4 · 10 = ▮▮   **2** 4 · 5 = ▮▮   **3** 60 = ▮ · 10

8 · 10 = ▮▮   8 · 5 = ▮▮   20 = ▮ · 10

2 · 10 = ▮▮   2 · 5 = ▮▮   40 = ▮ · 5

5 · 10 = ▮▮   5 · 5 = ▮▮   30 = ▮ · 5

4 9 $\xrightarrow{\ \cdot\,5\ }$ ▮▮   3 $\xrightarrow{\ \cdot\,5\ }$ ▮▮   ▮ $\xrightarrow{\ \cdot\,10\ }$ 90   ▮ $\xrightarrow{\ \cdot\,10\ }$ 70

5 ▮ · 5 = 35   ▮ · 10 = 60   **6** ▮▮ · 10 = 100

4 · 5 = ▮▮   1 · 10 = ▮▮   ▮▮ · 5 = 50

▮ · 5 = 45   ▮ · 10 = 80   ▮ · 10 = 80

0 · 5 = ▮   3 · 10 = ▮▮   ▮ · 5 = 40

Setze das richtige Zeichen: < = > .

7 9 · 5 ◯ 40   30 ◯ 5 · 5   **8** 4 · 10 ◯ 8 · 5

4 · 5 ◯ 20   70 ◯ 8 · 10   3 · 5 ◯ 2 · 10

8 · 10 ◯ 90   40 ◯ 4 · 10   6 · 10 ◯ 10 · 5

0 · 10 ◯ 10   35 ◯ 6 · 5   1 · 5 ◯ 0 · 10

9 Wer hat das wenigste Geld?

Lisa hat 4 10-ct-Münzen.

Anna hat 9 5-ct-Münzen.

Tom hat 10 2-ct-Münzen.

Antwort: _____

Dividieren

1 ☐☐ : ☐ = ☐

2 ☐☐ : ☐ = ☐

3 **a)** 12 Kinder sitzen an Tischen mit je 4 Plätzen.
Wie viele Tische sind besetzt?   12 : ☐ = ☐

Antwort: _____

b) 20 Gläser werden so verteilt,
dass auf jedem Tisch 5 Gläser stehen.
Für wie viele Tische reichen
die Gläser?   ☐☐ : ☐ = ☐

Antwort: _____

4 Teile auf.

a)

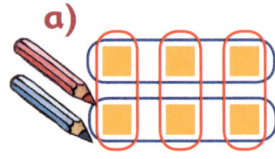

6 : 2 = ☐
6 : 3 = ☐

b)

12 : ☐ = ☐
12 : ☐ = ☐

c)

15 : ☐ = ☐
15 : ☐ = ☐

5   8 : 2 = ☐ , denn ☐ · 2 = 8
70 : 7 = ☐☐ , denn ☐ · 7 = 70

1 und 2: Verteilen nach Vorgabe; Aufgabe zuordnen und lösen   3: Inhalt erfassen; Aufgabe bilden
und lösen, antworten   4: Zwei Möglichkeiten zum Teilen angeben   5: Dividieren mit Begründung

Berechne die Quotienten.

1 14 : 2 = ▢   **2** 6 : 2 = ▢   **3** 20 : 2 = ▢▢

10 : 2 = ▢   2 : 2 = ▢   16 : 2 = ▢

12 : 2 = ▢   14 : 2 = ▢   18 : 2 = ▢

 8 : 2 = ▢   0 : 2 = ▢   4 : 2 = ▢

4

Fahrräder	2		3	
Räder	4	16		8

5

Enten		3			6
Füße	10		14	20	

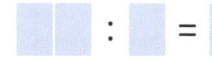

6 Wahr w oder falsch f ?

10 : 2 = 5 ◯   8 = 14 : 2 ◯   18 : 2 = 8 ◯

 6 : 2 = 4 ◯   7 = 14 : 2 ◯   12 : 2 = 6 ◯

 2 : 2 = 1 ◯   0 = 0 : 2 ◯   20 : 2 = 10 ◯

7 Im Regal stehen 18 Schuhe.   ▢▢ : ▢ = ▢
Wie viel Paar Schuhe sind das?

Antwort: _____

8 Kann Anna mit 14 Klammern 7 Handtücher
aufhängen, wenn sie für jedes Handtuch
2 Klammern verwendet?   ▢▢ : ▢ = ▢

Antwort: _____

1 bis 3: Dividieren   4 und 5: Tabellen ergänzen   6: Wahrheitsgehalt prüfen
7 und 8: Inhalt erfassen; Aufgabe bilden und lösen, antworten

45

1

Das Doppelte			12						
Zahl	4	10				8	2		30
Die Hälfte				6				20	

2 Zahlen gesucht

a) Die Zahl ist die Hälfte von 36.

b) Die Zahl ist die Hälfte der Differenz aus 25 und 9.

c) Die Zahl ist das Doppelte der Summe aus 8 und 12.

3 Verdopple.

7 € verdoppelt: €

40 € verdoppelt: €

50 ct verdoppelt: ct

9 ct verdoppelt: ct

4 Zeichne eine Strecke $\overline{CD}$, die doppelt so lang wie die Strecke $\overline{AB}$ ist.

$\overline{AB}$ =   cm

Zeichne hier:

$\overline{CD}$ =   cm

5 Halbiere.

60 m   halbiert: m

10 m   halbiert: m

100 cm   halbiert: cm

16 cm   halbiert: cm

20 cm   halbiert: cm

1: Tabelle vervollständigen   2, 3 und 5: Verdoppeln und Halbieren
4: Strecke nach Vorgabe zeichnen

Gerade und ungerade Zahlen

1 Färbe alle Kreise mit geraden Zahlen orange.

(14) (55) (39) (96) (83) (73) (99) (85)
(23) (17) (8) (11) (66) (27) (77) (18) (94)

2 Welche ungeraden Zahlen liegen zwischen den Zahlen?

41 und 49:

90 und 100:

58 und 68:

72 und 80:

3 Berechne die Summen. Wenn das Ergebnis eine gerade Zahl ist, dann färbe es orange.

43 + 19 =   68 + 27 =   33 + 55 =

4 Berechne die Differenzen. Wenn das Ergebnis eine ungerade Zahl ist, dann färbe es blau.

35 − 17 =   62 − 47 =   53 − 26 =

5 Wahr w oder falsch f ?

Das Produkt aus einer Zahl und 2 ist immer eine gerade Zahl.

Das Produkt aus einer Zahl und 5 ist immer eine ungerade Zahl.

1: Gerade Zahlen auswählen   2: Zahlen bestimmen   3 und 4: Summen/Differenzen berechnen;
Ergebnis als gerade/ungerade Zahl kennzeichnen   5: Wahrheitsgehalt prüfen

47

Dividieren durch 10 und 5

1
60 : 10 = ▢ , denn   10 · ▢ = 60

90 : 10 = ▢ , denn   ▢▢ · ▢ = ▢▢

40 : 10 = ▢ , denn   ▢▢ · ▢ = ▢▢

10 : 10 = ▢ , denn   ▢▢ · ▢ = ▢▢

2

▢▢ : 10 = 3   ▢▢ : 5 = 3   ▢▢ : 10 = 9

▢▢ : 10 = 5   ▢ : 5 = 1   ▢▢ : 5 = 7

▢ : 10 = 0   ▢▢ : 5 = 4   ▢▢▢ : 10 = 10

▢▢ : 10 = 8   ▢▢ : 5 = 10   ▢▢ : 5 = 6

3 Setze das richtige Zeichen: < = > .

45 : 5 ⬤ 8   7 ⬤ 60 : 10   40 : 5 ⬤ 60 : 10

25 : 5 ⬤ 5   4 ⬤ 40 : 10   35 : 5 ⬤ 70 : 10

50 : 5 ⬤ 9   8 ⬤ 90 : 10   0 : 5 ⬤ 0 : 10

5 : 5 ⬤ 1   3 ⬤ 30 : 10   5 : 5 ⬤ 10 : 10

4 Die Lehrerin kauft für 35 Euro Lesehefte.
Jedes Heft kostet 5 Euro. Sie bezahlt
mit einem 50-Euro-Schein.

a) Wie viele Hefte hat sie gekauft?

b) Wie viel Geld bekommt sie zurück?

Aufgabe:

Antwort:

1: Dividieren und Begründen   2: Platzhalter bestimmen
3: Relationszeichen setzen   4: Sachverhalt erfassen; Aufgaben bilden und lösen, antworten

Multiplizieren und Dividieren

1 Berechne die Produkte.

9 · 2 = ☐☐   5 · 10 = ☐☐

7 · 5 = ☐☐   4 · 5 = ☐☐

10 · 2 = ☐☐   6 · 2 = ☐☐

6 · 5 = ☐☐   8 · 10 = ☐☐

2 Berechne die Quotienten.

45 : 5 = ☐

18 : 2 = ☐

20 : 5 = ☐

3 Schreibe als Produkt.

14 = ☐ · 2

15 = ☐ · 5

35 = ☐ · 5

4 Schreibe als Quotient.

6 = ☐ : 2   7 = ☐ : 10

4 = ☐ : 10   6 = ☐ : 5

4 = ☐ : 5   2 = ☐ : 4

8 = ☐ : 10   5 = ☐ : 8

5 Färbe die Kästchen mit den Zahlen der
Folge der 2: ✎ Folge der 5: ✎ Folge der 10: ✎

18	35	44	20	55	4	1	31	9	40	10	8
5	51	12	70	45	7	67	14	90	49	13	99
80	6	77	0	3	30	25	17	100	15	60	2

6 Bilde Aufgabenfamilien.

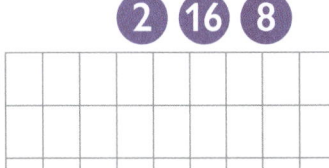

(30) (6) (5)   (2) (16) (8)

1 und 2: Produkte und Quotienten berechnen   3 und 4: Platzhalter bestimmen
5: Zahlen den Folgen zuordnen   6: Aufgabenfamilien zur Multiplikation und Division bilden

49

Teilbarkeitsregeln für 2, 5 und 10

1 Färbe alle Kreise mit den Zahlen, die durch ...

2 teilbar sind, orange.

5 teilbar sind, blau.

10 teilbar sind, rot.

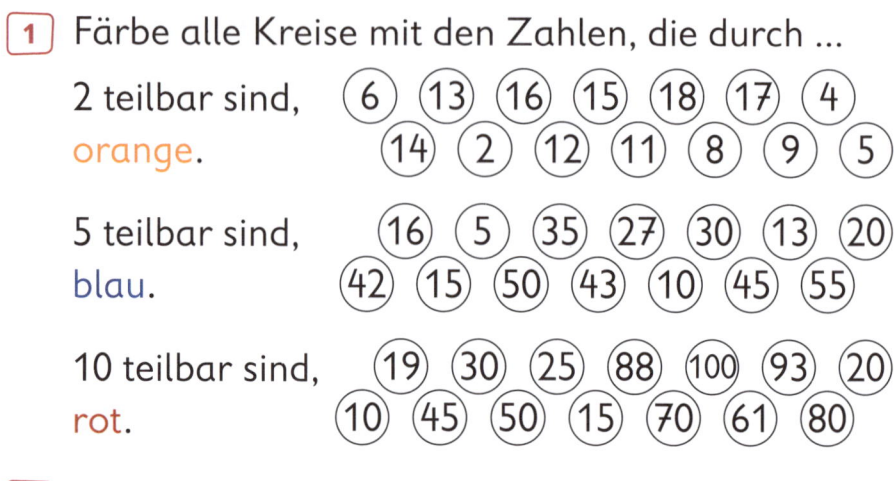

2 Schreibe immer drei Zahlen auf, die die folgenden Bedingungen erfüllen.

a) Die Zahlen sind durch 2 und 5 teilbar.

b) Die Zahlen sind durch 5 und 10 teilbar.

c) Die Zahlen sind durch 2, 5 und 10 teilbar.

3 Wahr w oder falsch f ?

Alle Zahlen, die am Ende eine 0 haben, sind durch 5 teilbar.

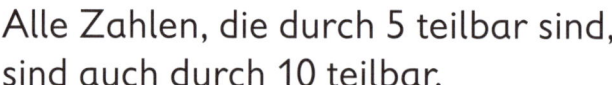

Alle Zahlen, die durch 5 teilbar sind, sind auch durch 10 teilbar.

Alle Zahlen, die durch 5 teilbar sind, sind auch durch 2 teilbar.

1: Benannte Zahlen kennzeichnen
2: Jeweils drei Zahlen aufschreiben   3: Wahrheitsgehalt prüfen

1 Zeichne in jeden Kreis einen Radius r und einen Durchmesser d ein. Wie groß sind Radius und Durchmesser?

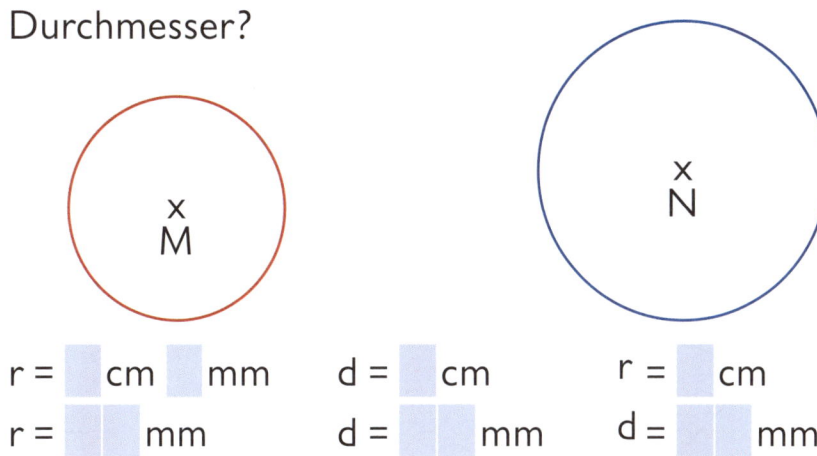

r = ☐ cm ☐ mm   d = ☐ cm   r = ☐ cm

r = ☐☐ mm   d = ☐☐ mm   d = ☐☐ mm

2 Zeichne einen Kreis um M mit r = 3 cm und einen Kreis um S mit r = 2 cm.

x
S

x
M

Wahr **w** oder falsch **f** ?

a) Die Kreise schneiden einander. ◯

b) Die Kreise berühren einander. ◯

Symmetrische Figuren

1 Zeichne die Symmetrieachsen farbig ein.

a) b) c) d)

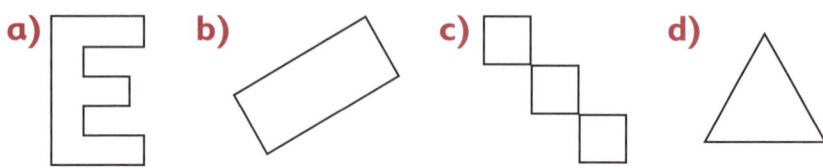

2 Ergänze zu symmetrischen Figuren.

a) b) c)

d)

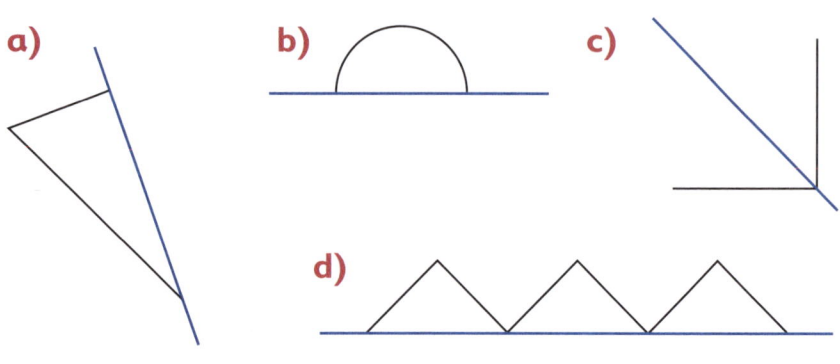

3 Welche Geraden sind keine Symmetrieachsen?
Streiche sie rot durch.

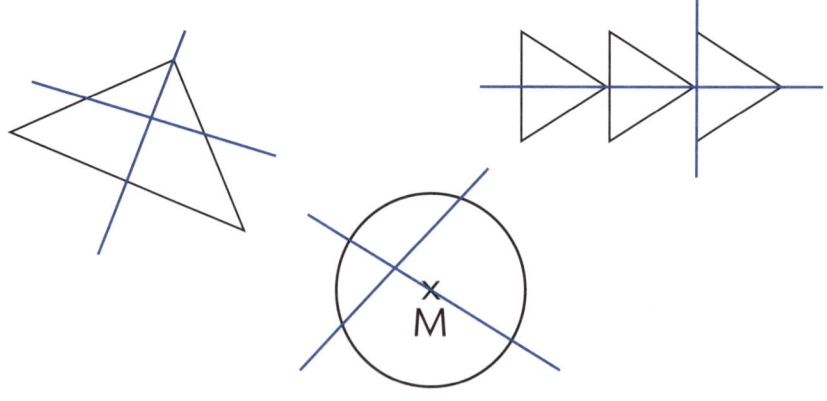

1 Lies die zwei möglichen Zeiten ab. Schreibe auf.

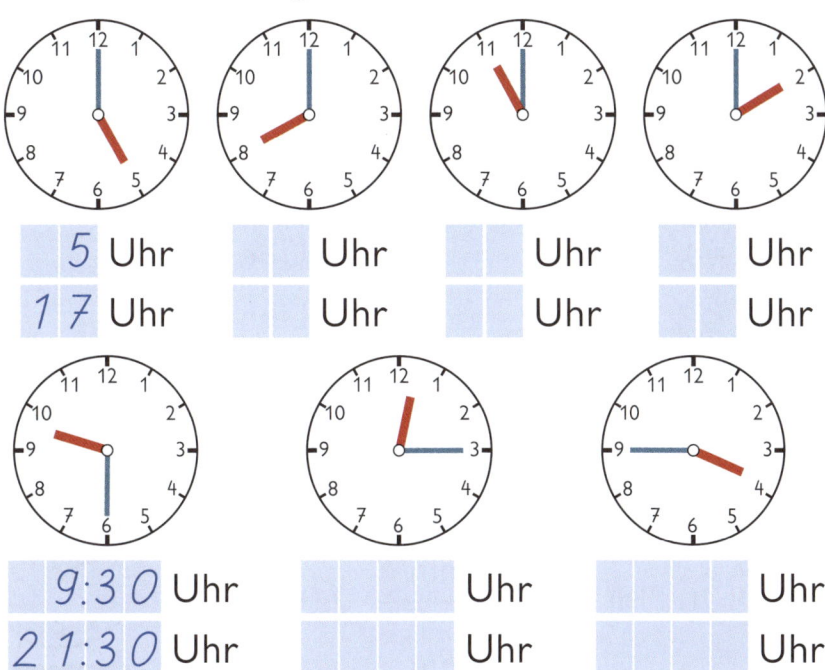

__5__ Uhr   Uhr   Uhr   Uhr

_1 7_ Uhr   Uhr   Uhr   Uhr

_9:30_ Uhr   Uhr   Uhr

_21:30_ Uhr   Uhr   Uhr

2 Zeichne die Zeiger ein.

9:00 Uhr   19:00 Uhr   13:00 Uhr   4:00 Uhr

3 Was gehört zusammen? Verbinde.

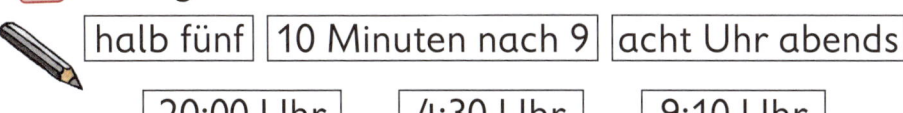

| halb fünf | 10 Minuten nach 9 | acht Uhr abends |

| 20:00 Uhr | 4:30 Uhr | 9:10 Uhr |

1 Gib beide Uhrzeiten an.

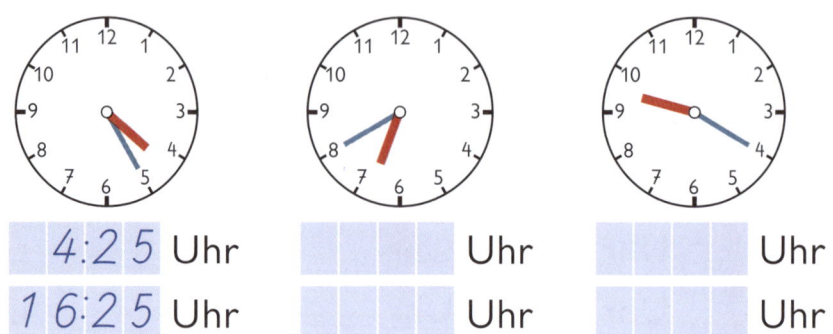

⬜ 4:2 5 Uhr ⬜⬜⬜⬜ Uhr ⬜⬜⬜⬜ Uhr

1 6:2 5 Uhr ⬜⬜⬜⬜ Uhr ⬜⬜⬜⬜ Uhr

2 Ergänze zur nächsten vollen Stunde.

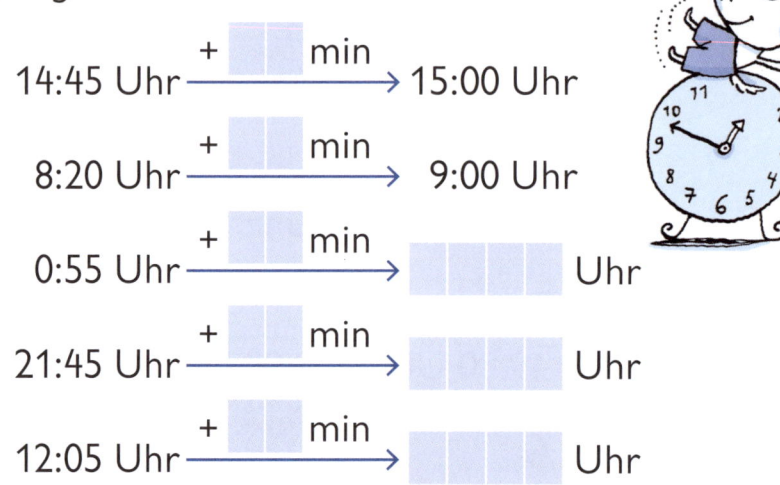

14:45 Uhr $\xrightarrow{+ \;\square\; \text{min}}$ 15:00 Uhr

8:20 Uhr $\xrightarrow{+ \;\square\; \text{min}}$ 9:00 Uhr

0:55 Uhr $\xrightarrow{+ \;\square\; \text{min}}$ ⬜⬜⬜ Uhr

21:45 Uhr $\xrightarrow{+ \;\square\; \text{min}}$ ⬜⬜⬜ Uhr

12:05 Uhr $\xrightarrow{+ \;\square\; \text{min}}$ ⬜⬜⬜ Uhr

3 Wahr w oder falsch f ?

a) Eine Viertelstunde sind 20 Minuten. ⬤

b) Eine halbe Stunde dauert 15 min + 15 min. ⬤

c) 10 min vor 8 Uhr ist 6:50 Uhr. ⬤

d) 20 min + 20 min + 20 min ist eine Stunde. ⬤

1 Vervollständige die Tabelle.
Die Uhren zeigen dir den Beginn an.

	Kino	Unter-richt	Haus-aufgaben	Spielen	Abend-brot
Ende	16 Uhr				18:30 Uhr
Dauer		5 h	60 min	2 h	

2 Wann begannen die Tätigkeiten?

	Frühstück	Sport	Haus-aufgaben	Radtour
Beginn				
Dauer	30 min	2 h	45 min	3 h
Ende	7:30 Uhr	halb fünf	16:45 Uhr	18:15 Uhr

3 Der Fernsehfilm beginnt 16:00 Uhr.
Es ist 15:30 Uhr.
Wie viel Zeit hat Ben noch,
um seine Schultasche zu packen?

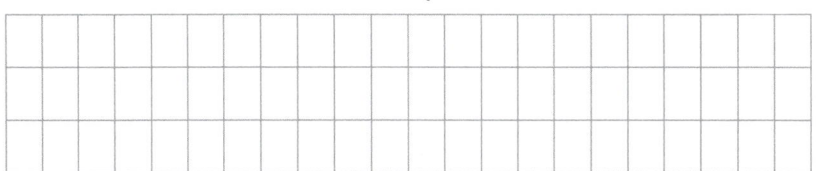

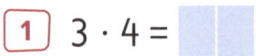

Multiplizieren und Dividieren mit 4

1 $3 \cdot 4 =$ ☐☐   **2** $20 : 4 =$ ☐   **3** ☐☐ $: 4 = 3$

$7 \cdot 4 =$ ☐☐ $32 : 4 =$ ☐   ☐ $: 4 = 9$

$0 \cdot 4 =$ ☐ $0 : 4 =$ ☐   ☐ $: 4 = 2$

$4 \cdot 4 =$ ☐☐ $28 : 4 =$ ☐   ☐ $: 4 = 6$

4 Tom hat 28 Euro. Er teilt das Geld mit seinen drei Geschwistern in gleiche Teile auf. Wie viel Euro bekommt jedes Kind?

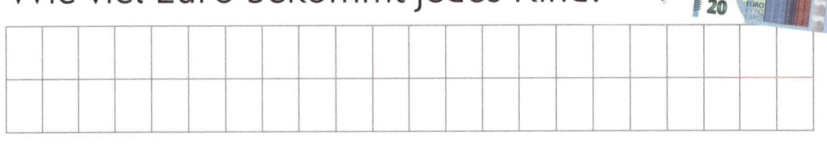

5

Faktor	4	9	4		4	7		4	4
Faktor		4		5	0		1	8	6
Produkt	16		40	20		28	4		

6 Zum Geburtstag wurden 7 Tische für jeweils 4 Kinder eingedeckt. Wie viele Plätze sind das insgesamt?

7 $5 \xrightarrow{\cdot 4}$ ☐☐ $9 \xrightarrow{\cdot 4}$ ☐☐ $28 \xrightarrow{: 4}$ ☐ $40 \xrightarrow{: 4}$ ☐

☐ $\xrightarrow{\cdot 4} 32$ ☐ $\xrightarrow{\cdot 4} 16$ ☐☐ $\xrightarrow{: 4} 6$ ☐☐ $\xrightarrow{: 4} 3$

1 und 2: Multiplizieren und Dividieren   3: Platzhalter bestimmen   4 und 6: Sachverhalte erfassen; Aufgabe bilden und lösen, antworten   5: Tabelle vervollständigen   7: Rechenbefehle ausführen

Multiplizieren und Dividieren mit 8

1
4 · 8 = ⬚⬚
6 · 8 = ⬚⬚
0 · 8 = ⬚
3 · 8 = ⬚⬚

2
⬚ · 8 = 72
⬚ · 8 = 40
⬚ · 8 = 8
⬚ · 8 = 16

3
64 : 8 = ⬚
48 : 8 = ⬚
8 : 8 = ⬚
80 : 8 = ⬚⬚

4

·	2	4	8
5			
7			
10			

5

:	2	4	8
24			
32			
16			

6 Bilde Aufgabenfamilien zur Multiplikation und Division.

7 Anna will Armketten mit 8 Perlen für 6 Kinder herstellen. Wie viele Perlen benötigt sie insgesamt?

Aufgabe:

Antwort:

1 bis 3: Multiplizieren und Dividieren   4 und 5: Tabellen ergänzen   6: Aufgabenfamilien bilden
7: Sachverhalt erfassen; Aufgabe bilden und lösen, antworten

57

Multiplizieren und Dividieren mit 3

1 $3 \cdot 3 =$ ☐

$6 \cdot 3 =$ ☐☐

$0 \cdot 3 =$ ☐

$9 \cdot 3 =$ ☐☐

2 $15 : 3 =$ ☐

$21 : 3 =$ ☐

$3 : 3 =$ ☐

$9 : 3 =$ ☐

3 ☐☐ $: 3 = 6$

☐ $: 3 = 8$

☐☐ $: 3 = 10$

☐☐ $: 3 = 5$

4 Setze das richtige Zeichen: $<$ $=$ $>$.

$7 \cdot 3$ ◯ 24 $6 \cdot 3$ ◯ $9 \cdot 2$ $24 : 8$ ◯ $18 : 3$

$4 \cdot 3$ ◯ 12 $7 \cdot 3$ ◯ $3 \cdot 8$ $27 : 3$ ◯ $32 : 4$

$24 : 3$ ◯ 7 $0 \cdot 8$ ◯ $0 \cdot 3$ $20 : 2$ ◯ $27 : 3$

$12 : 3$ ◯ 6 $5 \cdot 4$ ◯ $7 \cdot 3$ $30 : 3$ ◯ $36 : 4$

5 Bilde Aufgabenfamilien.

3 **9** **27**   **30** **3** **10**

6 Ben und seine 5 Freunde gehen ins Schwimm-
bad. Der Eintritt für Kinder kostet 3 €.
Er bezahlt mit einem 20-Euro-Schein.
Wie viel Geld bekommt er zurück?

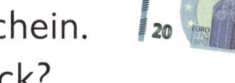

Aufgabe:

Antwort:

1 bis 3: Multiplizieren und Dividieren   4: Relationzeichen setzen   5: Aufgabenfamilien zur
Multiplikation und Division bilden   6: Sachverhalt erfassen; Aufgabe bilden und lösen, antworten

1 4 · 6 = ☐☐   **2** ☐ · 6 = 30   **3** 54 : 6 = ☐

8 · 6 = ☐☐   ☐ · 6 = 18   18 : 6 = ☐

10 · 6 = ☐☐   ☐ · 6 = 36   48 : 6 = ☐

5 · 6 = ☐☐   ☐ · 6 = 0   6 : 6 = ☐

4 Welche Zahlen gehören zur Folge der 6 und zur Folge der 3? Färbe die Kreise gelb.

(15) (6) (30) (12) (18) (3) (9) (21) (24) (27)

5 Zahlen gesucht

a) Die gesuchte Zahl ist der Quotient aus 42 und 6.

b) Der Dividend heißt 24 und der Divisor 6.

c) Das Produkt ist 54. Ein Faktor ist 6. Wie heißt der andere Faktor?

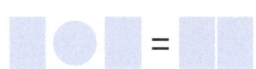

6 Eier werden zu je 6 Stück verpackt. Wie viele Schachteln werden für 36 Eier benötigt?

Aufgabe:

Antwort:

1
6 · 9 =
4 · 9 =
9 · 9 =
7 · 9 =

2
81 : 9 =
36 : 9 =
9 : 9 =
27 : 9 =

3
⬚ : 9 = 5
⬚ : 9 = 8
⬚ : 9 = 4
⬚ : 9 = 1

4

·	9	6	3
3			
5			
9			
10			

Wahr **w** oder falsch **f** ?

5
2 · 9 = 9 · 2
7 · 9 > 8 · 6
4 · 8 < 3 · 9
0 · 9 = 0 · 6

6 Welche Zahlen sind es?

Die Zahlen sind durch
3, 6 und 9 teilbar.

Die Zahl ist das Siebenfache von 9.

Die Zahl ist der Quotient aus 45 und 9.

7 Wie viele Gruppen können mit 54 Kindern
gebildet werden, wenn in jeder Gruppe 6 Kinder
sein sollen?

Aufgabe:
Antwort:

Multiplizieren und Dividieren mit 7

1
$5 \cdot 7 = \square\square$
$7 \cdot 7 = \square\square$
$0 \cdot 7 = \square$
$6 \cdot 7 = \square\square$

2
$\square \cdot 7 = 21$
$\square \cdot 7 = 63$
$\square \cdot 7 = 28$
$\square \cdot 7 = 14$

3
$35 : 7 = \square$
$49 : 7 = \square$
$56 : 7 = \square$
$0 : 7 = \square$

4

·	5	6	7
3			
5			
6			
9			

Wahr **w** oder falsch **f** ?

5
$64 : 8 > 49 : 7$ ◯
$42 : 7 = 36 : 6$ ◯
$36 : 4 < 40 : 5$ ◯
$0 : 9 = 0 : 4$ ◯

6 Rechne um.

a) Tage in Wochen

35 Tage = $\square$ Wochen
63 Tage = $\square$ Wochen
49 Tage = $\square$ Wochen

b) Wochen in Tage

4 Wochen = $\square\square$ Tage
8 Wochen = $\square\square$ Tage
6 Wochen = $\square\square$ Tage

7 Lisa war 4 Wochen im Urlaub.
Anna war 28 Tage im Urlaub.
Wer war länger im Urlaub?

Aufgabe:
Antwort:

1 bis 3: Multiplizieren und Dividieren   4: Tabelle ergänzen   5: Wahrheitsgehalt prüfen
6: Umrechnen   7: Sachverhalt erfassen; Aufgabe bilden und lösen, antworten

61

Kombinieren

1 Bilde alle möglichen zweistelligen Zahlen.
Schreibe die Zahlenpaare auf.

7 6 / 6 7,

2 Zeichne alle möglichen
Farbkombinationen ein.

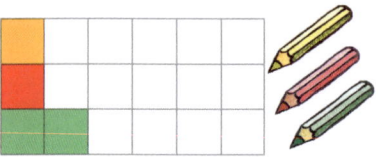

3 Bilde mit diesen Zahlen Gleichungen, für die gilt:

7 10 20 24 6
2 ⑪ 5 16 ③
36 ④ 9 ⑫ 32
① 28 0 40 8

a) Die Summe ist ⑫.

11 + 1 = 12

b) Das Produkt ist ⑫.

4 · 3 = 12

c) Der Quotient ist ④.

12 : 3 = 4

Informationen aus Tabellen und Diagrammen

1 Für den Kinderzirkus wurden Karten verkauft:

	Klasse 2a	Klasse 2b	Klasse 2c
Montag	## ||	## ##		## ## ##
Dienstag	##		## ||	|||
Mittwoch	## ||||	## ||	##

a) In welcher Klasse wurden die meisten Karten, in welcher die wenigsten verkauft?

Klasse: ▢▢   Anzahl der Karten: ▢▢

Klasse: ▢▢   Anzahl der Karten: ▢▢

b) An welchem Tag besuchen die wenigsten Kinder den Zirkus?

Tag: _____   Anzahl der Besucher: ▢▢

2 Die Klasse 2a hat ein Diagramm zu den Reisezielen für den kommenden Urlaub erstellt.

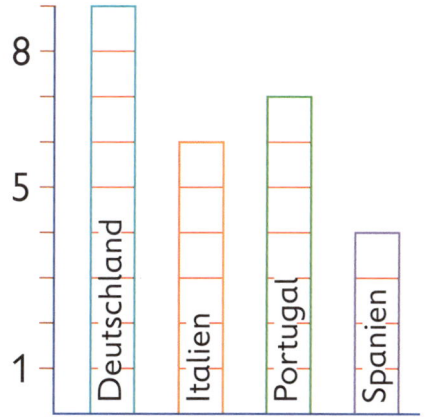

a) Wie viele Kinder sind in Klasse 2a?

 Kinder

b) In welches Land reisen die wenigsten Kinder?

_____

1: Anzahl zu den einzelnen Fragen ermitteln und vergleichen
2: Anzahl aus dem Diagramm bestimmen und den Fragen zuordnen

63

Kalender – Datumsangaben

1 Wie viele Tage haben diese Monate?

Juni ▢▢ Tage

August ▢▢ Tage

Dezember ▢▢ Tage

Mai ▢▢ Tage

Februar ▢▢ Tage

Oktober ▢▢ Tage

2 Welcher Monat ist mit der Datumsangabe gemeint?

Datum	29.05.2016	03.01.2018	14.06.2017
Monat			

3 Schreibe das Datum ohne Monatsnamen.

24. Februar   5. April   30. März   17. Juli

2 4 . 0 2 .   ▢▢▢▢▢   ▢▢▢▢▢   ▢▢▢▢▢

4 **a)** Maria hat am 8. Mai Geburtstag.
Anna hat 5 Tage später Geburtstag.
Wann ist das?   ▢▢ . Mai

b) Ben hat am 24. Oktober Geburtstag. Sein
Freund Max hat 7 Tage früher Geburtstag.
Wann hat Max Geburtstag?   ▢▢ . Oktober

c) Lisa hat am 29. April Geburtstag. Tom hat
schon 2 Wochen früher Geburtstag.
Wann hat Tom Geburtstag?   ▢▢ . April